Guten Tag,

mein Name ist Tod.
Sie kennen mich vielleicht von Verkehrsunfällen auf der Autobahn oder von Ihrer Oma. Aber es gibt einen Ort, von dem Sie mich wahrscheinlich noch nicht kennen: Ihre Küche.
Wobei es statistisch gesehen gar nicht so unwahrscheinlich ist, dass wir uns dort mal kennenlernen. Schließlich finden die meisten Unfälle mit Besuchsfolge von mir im Haushalt statt. Daher kein Wunder, dass ich während meiner Arbeit auch immer wieder über interessante kulinarische Ideen stolpere. Aber nicht nur im Haushalt, auch in vielen anderen Situationen gibt es leckere Dinge zu entdecken.
Auf den folgenden Seiten finden Sie einige meiner Lieblingsrezepte und das, was mich dazu inspiriert hat.

Ich hoffe, Sie haben viel Freude beim Nachkochen. Und seien Sie mit den Messern und dem Gasofen etwas vorsichtig. Ich hab heute schon Feierabend.

Toten Appetit!

ZWIEB

HIRSCHRÜCKEN UNTER DER PILZHAUBE

MIT OFENZWIEBELN UND ROTE-BEETE-HIMBEER-SAUCE

- 1 PACKUNG GEKOCHTE ROTE BEETE
- 12 KLEINE ZWIEBELN
- 300 g TOASTBROT
- 100 g WEICHE BUTTER
- 300 g TIEFGEKÜHLTE HIMBEEREN, BEREITS AUFGETAUT
- 4 HIRSCHRÜCKEN À 180 g
- 100 g GETROCKNETE PILZE
- 1 EIGELB
- SALZ
- ÖL

1. Das Toastbrot zwischen den Händen zerkrümeln, die getrockneten Pilze pulverisieren, beides mit der Butter und dem Eigelb verkneten, dann salzen.

2. Den Teig in einen Gefrierbeutel füllen und einen halben Zentimeter dick ausrollen. Anschließend kalt stellen.

3. Den Ofen auf 160 °C, Umluft, vorheizen. Die Zwiebeln von losen, abstehenden Schalenteilen trennen, auf ein Backblech mit Backpapier legen, mit Öl beträufeln und für 1 Stunde backen.

4. Die Rote Beete aus der Packung holen und mit dem Pürierstab in einem Topf durcharbeiten. Den Saft der Himbeeren unter die Rote Beete geben.

5. In einer Pfanne Öl erhitzen, die Hirschrücken salzen und anbraten, anschließend auf ein Backblech legen.

6. Die erkaltete Pilzhaube in Form der Hirschrückensteaks schneiden und darauflegen. In den Ofen geben und für 9 Minuten garen.

7. 4 Minuten vorher die Zwiebeln aus dem Ofen holen, mit einer Schere die Schale aufschneiden, die Zwiebeln herausholen und mit etwas Salz bestreuen.

8. Zum Anrichten 3 Zwiebeln auf jeden Teller legen. Die Himbeeren unter das Rote-Beete-Püree mischen und einen großen Esslöffel Püree auf die Teller geben.

9. Die Hirschsteaks aus dem Ofen holen, jedes Steak in Scheiben schneiden und servieren.

KLEBER

BIRNEN-TARTE TATIN MIT GORGONZOLA-CREME

200 ml SCHLAGSAHNE

200 g GORGONZOLA DOLCE

MUSKATNUSS

4 PLATTEN TIEFKÜHL-BLÄTTERTEIG-QUADRATE

4 BIRNEN

SALZ

ZUCKER

BUTTER

1. Die Sahne erhitzen, den Gorgonzola einrühren, mit Salz und Muskat würzen. Den Backofen auf 180 °C, Umluft, vorheizen.

2. Die Blätterteig-Quadrate auf beiden Seiten mit einer Gabel einstechen. Aus Backpapier 4 Quadrate schneiden, diese buttern und anschließend zuckern.

3. Die Birnen in Spalten schneiden, auf das Backpapier legen. Die Blätterteige mit Käsecreme bestreichen und mit der bestrichenen Seite auf die Birnen drücken. Im Ofen 15 Minuten backen.

4. Die Tartes aus dem Ofen holen, 5 Minuten ruhen lassen, dann umdrehen, in Dreiecke schneiden, mit Käsecreme beträufeln und servieren.

CURRY-AUBERGINENSCHNITZEL MIT BLOODY-MARY-SAUCE

- 150 g STAUDENSELLERIE
- 1 kg TOMATEN
- TABASCO
- SALZ
- PFEFFER
- 1 KNOBLAUCHZEHE
- 100 g MEHL
- 3 GROSSE TOMATEN
- 1 KLEINE ZWIEBEL
- 260 g PANIERMEHL
- 2 AUBERGINEN
- 3 EIER
- WODKA (NACH GESCHMACK)
- CURRYPULVER
- ÖL

1. 1 kg Tomaten und 100 g Staudensellerie grob klein schneiden, 50 g Sellerie zur Seite stellen. Die Knoblauchzehe und die Zwiebel schälen und zu den Tomaten und dem Sellerie geben. Alles pürieren und anschließend durch ein feines Sieb in einen Topf pressen. Den Sud mit Salz, Pfeffer und Tabasco kräftig abschmecken und erhitzen.

2. Wenn der Fond kocht, 60 g Paniermehl zum Binden zügig unterrühren und vom Herd nehmen.

3. Den restlichen Sellerie schälen und in dünne Scheiben schneiden, anschließend zur Seite stellen.

4. In einem weiteren Topf Wasser erhitzen. Die 3 Tomaten am Strunk kreuzweise einritzen und kurz in das kochende Wasser geben, bis sich die Tomatenhaut an der Schnittstelle leicht wellt.

5. Dann die Tomaten sofort in kaltes Wasser legen, danach schälen, vierteln, die Kerne herausschneiden und das entkernte Fruchtfleisch würfeln. Zur Seite stellen.

6. Die Spitzen und den Strunk der Auberginen abschneiden, dann die Auberginen in etwa 1 cm dicke Scheiben schneiden.

7. Für die Auberginenschnitzel 3 Schüsseln bereitstellen. In die erste Schüssel Mehl füllen, in die zweite Schüssel die 3 Eier geben und verquirlen. Das restliche Paniermehl in die dritte Schüssel füllen, zusätzlich 1 Esslöffel Curry dazugeben und vermischen.

8. Die Scheiben ausbreiten, salzen und pfeffern und durch das Mehl, Ei und Paniermehl ziehen und festdrücken. Öl in der Pfanne erhitzen und die panierten Auberginenscheiben darin backen.

9. Sobald sie auf beiden Seiten goldgelb sind, unter die heiße Sauce die Sellerie-scheiben und Tomatenwürfel mischen, etwas Wodka nach eigenem Geschmack in die Sauce rühren.

10. Die Sauce auf den Tellern verteilen. 3 panierte Auberginen-scheiben gefächert auf jeden Teller setzen und servieren.

GEBRATENER OBSTSALAT
MIT MINZPESTO

- ½ ANANAS
- 2 PFIRSICHE
- 2 BANANEN
- PUDERZUCKER
- WEISSE KUVERTÜRE
- ½ WASSERMELONE
- 2 BIRNEN
- 200 ml OLIVENÖL
- 20 g GEMAHLENE MANDELN
- 2 ÄPFEL ROYAL GALA
- 2 ÄPFEL GRANNY SMITH
- 2 BUND FRISCHE MINZE
- BIO-ZITRONEN- & ORANGENSCHALE

1. Die Minze kalt abwaschen, anschließend die Blätter vom Strunk trennen. Die Mandeln mit den Minzblättern, geriebener Orangen- und Zitronenschale, einem Esslöffel Puderzucker und Olivenöl pürieren. Nach dem Pürieren mit Öl bedecken und kalt stellen.

2. Die Ananas vom Strunk trennen, die Pfirsiche entsteinen, die Kerngehäuse der Äpfel und Birnen entfernen, die Bananen schälen. Alles in Würfel schneiden.

3. Eine Pfanne ohne Öl erhitzen. Das Obst in die Pfanne geben und für wenige Sekunden braten. Dann durchmischen und erneut braten. Anschließend den Obstsalat auf einen Teller geben, mit dem Minzpesto garnieren und servieren.

ENTENBRUST

MIT GRANATAPFEL-ERDNUSSSAUCE UND KOKOSREIS

- **400 ml** KOKOSMILCH
- **4** WEIBLICHE ENTENBRÜSTE
- **1** FRISCHER GRANATAPFEL
- CHILIPULVER
- **200 g** ERDNUSSBUTTER MIT STÜCKEN
- **100 g** KOKOSFLOCKEN
- **250 g** LOSER REIS
- SALZ
- ZUCKER

1. In einem Topf 1,5 Liter Wasser erhitzen. In das kochende Wasser die Kokosflocken und den Reis geben.

2. Währenddessen die Entenbrüste vorbereiten. Dazu die Hautseiten so einschneiden, dass Rauten entstehen. 100 ml Wasser mit 3 EL Salz vermischen und zur Seite stellen.

3. Den Ofen auf 170 °C, Umluft, vorheizen, ein Backblech mit Backpapier bereitstellen. Eine Pfanne ohne Öl erhitzen und die nur die Hautseite der Entenbrüste braten, bis sie goldbraun ist, anschließend auf das Backblech legen.

4. Die Haut der Entenbrüste mit dem Salzwasser bestreichen und anschließend im Ofen für 11 Minuten garen.

5. Für die Erdnuss-Granatapfel-Sauce die Kokosmilch in einem Topf erhitzen, die Erdnussbutter einrühren und mit Salz, Zucker und Chilipulver abschmecken.

Den Granatapfel an beiden Enden abschneiden und in 4 Teile zerreißen. Die Kerne herauslösen.

Zum Servieren den Reis durch ein feines Sieb gießen, so dass die Kokosflocken am Reis kleben bleiben. Eine Portion Reis pro Teller in eine Tasse drücken und auf die Teller stürzen.

Von der Erdnussbuttersauce mit einem Löffel einen runden Klecks machen und mit der Unterseite des Löffels in eine Richtung ziehen.

In die dadurch entstandene Mulde die Granatapfelkerne geben, weiterhin ein paar Kerne über den Reis streuen.

Die Entenbrüste aus dem Ofen holen, in 5 Scheiben schneiden und schräg auf den Ausläufer der Erdnussbuttersauce setzen.

MAIS

AFFENPOPCORN

- **100 g** getrocknete Bananen
- **40 g** Zucker
- **20 g** Sonnenblumenöl
- **100 g** Butter
- **60 g** Puffmais
- Kakaopulver

1. Die Bananen in einem Mörser zu Pulver verarbeiten. Die Butter in einem Topf zusammen mit dem Zucker erhitzen. Wenn die Butter geschmolzen ist, das Bananenpulver dazugeben, vermischen und zur Seite stellen.

2. Für das Popcorn das Sonnenblumenöl und den Puffmais in eine Pfanne mit Deckel geben. Die Pfanne mit dem Deckel bei voller Hitze erwärmen. Den Deckel nicht abheben!

3. Wenn das Popcorn kaum noch poppt, die Butter-Bananen-Mischung dazugeben, den Deckel wieder aufsetzen und kräftig durchschütteln.

4. Danach das Popcorn in eine Schüssel geben, einen Teelöffel Kakaopulver drüberstäuben und ein letztes Mal vermischen.

ARABISCHER BURGER

- 300 g Kichererbsen
- 1 Tüte Sesam
- 1 Teelöffel Tahin (Sesampaste)
- 2 Tomaten
- 4 Burgerbrötchen
- 40 g Blattpetersilie
- 1 Becher Naturjoghurt
- 800 g Rinderhackfleisch
- 10 g Minze
- 1 Zitrone
- 1 Ei
- Paprikapulver edelsüß
- Olivenöl
- Salz

1. Den Backofen auf 170 °C, Umluft, vorheizen. Die Burgerbrötchen durchschneiden und zur Seite stellen.

2. Für den Hummus die Dose Kichererbsen mitsamt der Flüssigkeit, dem Saft einer halben Zitrone, Salz, 2 EL Olivenöl und 1 TL Tahin pürieren, anschließend abdecken und zur Seite stellen.

3. Das Hackfleisch in eine Schüssel füllen und mit Paprikapulver, einem Ei und Salz vermischen. Aus dem Hackfleisch 4 Frikadellen formen.

4. In einer Pfanne das Öl erhitzen und die Frikadellen anbraten. Das Fleisch lange auf einer Seite braten lassen, da es durch häufiges Wenden zerfällt!

5. Den Sesam in eine Schüssel füllen, die gebratenen Frikadellen darin wenden und auf ein Backblech mit Backpapier legen. In den Ofen schieben und für 7 Minuten backen.

6. Die Burgerbrötchen mit der aufgeschnittenen Seite nach oben auf ein Gitter mit Backpapier legen und in den Ofen schieben. Ganz kurz vor dem Schließen der Ofentür ein Schnapsglas voll Wasser auf den Boden des Ofens gießen und für 2 Minuten backen.

7. Währenddessen die Kräuter waschen und die Tomaten in 8 Scheiben schneiden.

8. Die Brötchen aus dem Ofen holen, die Ober- und Unterseite jeweils mit Hummus bestreichen.

9. Auf die Oberseite der Brötchen kommt reichlich Blattpetersilie, dann 2 Blätter klein gezupfte Minze, ein paar Kleckse Joghurt und Olivenöl, etwas Salz und zum Schluss die Tomaten.

10. Die Frikadelle auf die Unterseite des Brötchens legen und beides auf die Oberseite des Brötchens setzen, dann den Burger umdrehen.

SCHACH
-3000-

SCHACHBRETT VON SAHNELIKÖR UND KAFFEE

- 100 ml Sahnelikör (z.B. Baileys)
- 10 g Instant-Kaffeepulver
- 10 Blatt Gelatine
- 400 ml Sahne
- 100 g Zucker
- 400 ml Wasser

1. Zwei Töpfe bereitstellen, 2 Schüsseln mit kaltem Wasser füllen. Jeweils die Hälfte der Blattgelatine in getrennten Schüsseln einweichen. In einem Topf Sahne, Baileys, 50 g Zucker geben, in den anderen Topf 400 ml Wasser und 50 g Zucker. Beides erwärmen, bis sich der Zucker aufgelöst hat.

2. In dem Topf mit dem Wasser das Instant-Kaffeepulver auflösen. Anschließend die Gelatine aus dem Wasser holen, ausdrücken und jeweils in die Sahne und den Kaffee einrühren.

3. 2 gerade Gefäße mit Klarsichtfolie auslegen und jeweils die Flüssigkeiten hineingießen. Für mindestens 5 Stunden kalt stellen. Wenn beides geliert ist, die Formen stürzen und in Quadrate schneiden, auf den Tellern wie ein Schachbrett anrichten und servieren.

Wein

In Rotwein geschmortes Lammgulasch
mit Parmesanstäbchen und Paprika-Polenta

1 kg gewürfelte Lammschulter
80 g geriebener Parmesan
Sahne zum Glasieren
200 g Zwiebeln
150 g Knollensellerie
120 g Mehl
100 g Polenta
6 rote Paprika
1 grüne Paprika
300 g Karotten
170 g weiche Butter
2 Eigelb
1 Liter Rotwein
Tomatenmark
Zucker
Salz
Öl

1. Den Ofen auf 170 °C, Umluft, erhitzen. Karotten, Sellerie und Zwiebeln schälen und grob würfeln. Einen Bräter mit Öl erhitzen, das Fleisch salzen und von allen Seiten anbraten.

2. Dann das Fleisch herausholen und das Gemüse anbraten, es soll Farbe kriegen, um Röstaromen zu entwickeln. Wenn es geröstet ist, etwas Tomatenmark und das Fleisch wieder dazugeben.

3. 100 ml Rotwein angießen und komplett einkochen lassen, bis es vom Kochen wieder ins Braten zurückgeht. Dies mit weiteren 100 ml Rotwein wiederholen, diesmal noch 50 g Mehl in den Bräter stäuben. Wenn alles erneut eingekocht ist, mit dem restlichen Rotwein auffüllen.

4. Den Bräter mit einem Deckel verschließen und im Ofen für mindestens 90 Minuten garen, bis das Fleisch zart ist, aus dem Rotweinfond nehmen, die Sauce durch ein Sieb gießen, das Gemüse wegwerfen und die Sauce zurück zum Fleisch geben.

5. Für die Parmesanstäbchen den Parmesan, 120 g Mehl, Butter und ein Eigelb miteinander verkneten. Anschließend den Teig zwischen den Händen zu kleinen Würsten rollen, auf ein Backblech mit Backpapier legen und die spitz zulaufenden Enden abschneiden.

6. Sahne mit Eigelb vermischen und die Parmesanstäbchen damit leicht bestreichen. Im Ofen für 10 Minuten backen, dann herausholen und zur Seite stellen.

7. Für die Paprikapolenta die Kerne der Paprika entfernen, das Fleisch grob würfeln, pürieren und durch ein Sieb in einen Topf drücken. Den Paprikasud erhitzen, mit Salz und Zucker abschmecken.

8. Anschließend die Polenta unter ständigem Rühren zum Sud geben, danach noch einmal abschmecken. Die grüne Paprika von den Kernen trennen und in feine Würfel schneiden, unter die Polenta mischen. Zum Servieren die Polenta noch einmal durchrühren. Sollte sie zu fest geworden sein, etwas Wasser dazugeben.

9. Die Parmesanstäbchen in den warmen Ofen legen.

10. Einen großen Löffel Polenta in die Mitte der Teller geben, ein Loch in die Mitte drücken, dort das heiße, geschmorte Lammfleisch hineingeben und jeweils 3 Parmesanstäbchen an die Polenta legen.

TOD FLAKES
TOD FLAKES
TOD FLAKES
TOD FLAKES
TOD FLAKES
TOD FLAKES
TOD FLAKES
TOD FLAKES

Cornflakes-Chicken Nuggets

mit Honig-Senf-Dip

- 4 Hühnerbrüste
- 80 g Akazienhonig
- 240 g mittelscharfer Senf
- 250 g ungesüßte Cornflakes
- 80 g süßer Senf
- 150 g Mehl
- 20 g Sesamöl
- 3 Eier
- Salz

1. 3 Schüsseln aufstellen: Die linke Schüssel mit Mehl, die mittlere mit Salz und verquirlten Eiern und die rechte Schüssel mit zerbröselten Cornflakes füllen. Den Ofen auf 170 °C, Umluft, vorheizen, auf ein Blech mit Backpapier etwas Öl träufeln.

2. Die Hühnerbrüste mundgerecht würfeln und erst im Mehl, dann im Ei wenden und zum Schluss in die Cornflakes drücken.

3. Die Nuggets in den Ofen geben und für 5 Minuten backen, dann wenden, die Hitze auf 150 °C drehen und 5 Minuten weiterbacken. Für den Dip den Honig, die Senfe und das Öl verrühren.

4. Die Nuggets aus dem Ofen holen und zusammen mit dem Dip anrichten.

In Buttermilch pochierter Lachs
mit Erbsen-Minz-Püree und gebackenen Kartoffelscheiben

- 4 Lachsfilets à 150 g
- 1 Zweig Thymian
- 1 Bio-Zitronenschale
- 300 g tiefgekühlte Erbsen
- 60 g Butter
- 400 ml Sahne
- 1 Liter Buttermilch
- 4 Kartoffeln à 170 g
- frische Minzblätter
- Zucker
- Salz

1. Für die Kartoffelscheiben 4 Quadrate Backpapier, 15 x 15 cm, schneiden. 40 g Butter zerlassen und die Quadrate bestreichen, dann leicht salzen. Den Ofen auf 170 °C, Umluft, einstellen.

2. Die Kartoffeln schälen und auf einem Gemüsehobel in dünne Scheiben schneiden.

3. Jeweils eine Scheibe in die Mitte der Quadrate legen, anschließend die Kartoffelscheiben gegen den Uhrzeigersinn kreisförmig überlappend fächern, mit Salz bestreuen und mit Butter übergießen. Die Quadrate in den heißen Ofen geben und für mindestens 15 Minuten backen, bis die Kartoffeln knusprig und goldbraun sind.

4. Währenddessen für den Buttermilchsud die Sahne erhitzen.

5. Sobald sie gekocht hat, die Buttermilch dazugeben und noch einmal unter Rühren erhitzen. Die Zitronenschale und den Thymian einlegen, die Temperatur herunterdrehen, so dass die Buttermilch-Sahne-Masse nicht mehr kocht.

6. Die Lachsfilets trocken tupfen, leicht würzen, in den heißen Sud legen und für 7 Minuten garen.

7. Die tiefgekühlten Erbsen mit 100 ml Wasser in einen Topf geben und erhitzen. Sobald die Erbsen weich sind, 20 g Butter dazugeben und die Erbsen pürieren, mit Salz und Zucker abschmecken.

8. Die einzelnen Minzblätter in feine Streifen schneiden.

9. Zum Servieren die Kartoffelscheiben vom Backpapier auf Teller schieben, unter das Erbsenpüree die fein geschnittenen Minzstreifen mischen und um die Kartoffelscheiben verteilen.

10. Die Lachsfilets aus dem Sud holen, etwas abtropfen lassen und auf die Kartoffelscheiben setzen. Etwas von dem Buttermilchsud über die Erbsen geben und servieren.

FUTTER
RUM

SCHWEINEKOTELETT

MIT TROCKENFRÜCHTE-RUMBUTTER, SPECKBOHNEN UND KARTOFFELSTAMPF

- 4 SCHWEINEKOTELETTS
- 10 g GANZER KÜMMEL
- ZUCKER
- 6 SCHEIBEN SPECK IN SCHEIBEN
- 250 g BRECHBOHNEN
- 700 g KARTOFFELN, MEHLIG KOCHEND
- 250 g WEICHE BUTTER
- 80 g TROCKENFRÜCHTE
- 50 ml RUM
- 40 g BUTTER
- SALZ
- PFEFFER

1. Für den Kartoffelstampf die Kartoffeln in kaltem Wasser mit Kümmel und Salz gar kochen. Sobald sie weich sind, das Wasser abgießen, die heißen Kartoffeln schälen, dann zur Seite stellen.

2. Die Trockenfrüchte in kleine Würfel schneiden. In ein Gefäß füllen, mit Rum und 100 ml kaltem Wasser bedecken und für 1 Stunde marinieren. Anschließend abgießen, den Rum aber nicht wegschütten.

3. Die weiche Butter in eine Schüssel füllen und mit einem Handrührgerät schaumig rühren. Anschließend die Trockenfrüchte unter die Butter heben, abschmecken mit Rum, Salz und Zucker, danach kalt stellen.

4. Für die Bohnen Wasser mit Salz aufkochen. Ein weiteres Gefäß mit Eiswasser bereitstellen. Von den Bohnen die Enden abschneiden, die Bohnen kochen, bis sie noch einen leichten Biss haben, anschließend im Eiswasser abschrecken und zum Abtropfen zur Seite stellen.

5. Die Speckscheiben auf einem Küchenbrett ausbreiten und einmal quer halbieren. An ein Ende eines Speckstreifens 5 Bohnen legen, dann den Speck mit leichtem Druck aufrollen. So mit allen Speckstreifen verfahren und anschließend kalt stellen.

6. Die Koteletts salzen und in einer heißen Pfanne mit Öl braten. Sobald eine Seite angebraten ist, die Speckbohnen mit dem Ende des Speckstreifens zuerst zu den Koteletts in die Pfanne geben.

7. Währenddessen die restliche Butter in einem Topf erhitzen. Die Kartoffeln hinzufügen und mit einem Kartoffelstampfer oder einer Gabel zerdrücken. Vorsichtig erhitzen, eventuell etwas Wasser dazugießen. Abschmecken mit Salz und Pfeffer.

8. Zum Anrichten das Kotelett auf einen vorgewärmten Teller legen, 3 Bund Speckbohnen und einen großen Löffel Kartoffelstampf danebengeben. Etwas Pfeffer aus der Mühle über die Bohnen geben.

9. Zum Schluss mit einem Löffel oder einem Eiskugelformer eine kleine Kugel der Dörrobst-Rumbutter auf das Fleisch setzen.

HAPPY B

MEERESFRÜCHTE-FLAMMKUCHEN
MIT MANDELN UND GRÜNEM SPARGEL

4 WRAP FLADEN
1 BUND GRÜNER SPARGEL
MEERSALZ
OLIVENÖL
100 g GEHOBELTE MANDELN
500 g MEERESFRÜCHTE
2 BECHER CRÈME FRAÎCHE

1. Den Backofen mit Backblech auf 200 °C, Ober- und Unterhitze, vorheizen. Die Wraps mit der Crème fraîche bestreichen und die Meeresfrüchte lose darauf verteilen.

2. Den Spargel waschen, der Länge nach halbieren und in mundgerechte Stücke schneiden, anschließend auf den Wraps verteilen und mit Meersalz würzen. Die gehobelten Mandeln darüberstreuen.

3. Die Wraps auf das heiße Backblech legen, für 8 Minuten backen, bis sie eine goldgelbe Farbe bekommen. Mit Olivenöl beträufeln und in mundgerechte Stücke schneiden.

WARMER SCHOKOLADENKUCHEN MIT FLÜSSIGEM KERN UND SCHWARZBIERSCHAUM

- **4** STÜCKE BITTERSCHOKOLADE
- **120 g** MEHL
- **140 g** DUNKLE KUVERTÜRE
- **7** EIGELB
- **3** EIER
- **200 ml** SCHWARZBIER
- **75 g** PUDERZUCKER
- **60 g** ZUCKER
- **160 g** WEICHE BUTTER
- **4** TIMBALEN ODER MUFFIN-FORMEN

1. Den Ofen auf 170 °C, Umluft, vorheizen. Die Kuvertüre schmelzen. 3 Eigelbe, 3 Eier, Puderzucker und die Butter mit der geschmolzenen Kuvertüre zu einer gleichmäßigen Masse vermischen, anschließend das Mehl unterheben.

2. Die Formen ausfetten, zur Hälfte mit dem Teig füllen. In jede Form ein Stück Bitterschokolade setzen und mit weiterer Schokoladenmasse bedecken. Die gefüllten Formen für 18 Minuten backen.

3. Das Bier mit Zucker und 4 Eigelben per Handmixer verrühren. Die Schüssel auf ein heißes Wasserbad stellen und weiterrühren, bis sich Schaum bildet.

4. Die gebackenen Kuchen stürzen, mit dem Schaum umgießen und servieren.